即墨柳腔

JIMO LIUQIANG OPERA

小学版（第一册）

孙云泽　王成广　主编

中国海洋大学出版社

·青　岛·

策　　划	王　波					
艺术指导	张成林	于正建	解本明	袁　玲	毛元桥	王永贵
	姜秋芝	李秀梅	张昌华			
主　　编	孙云泽	王成广				
副 主 编	薛　艳	马守英				
编　　委	（按姓氏笔画排序）					
	丁丛丛	于钦泉	王　波	王洲锡	苏　健	李晓燕
	沙朝阳	张高伟	陈丽娜	周　蓓	高立鹏	

图书在版编目（ＣＩＰ）数据

即墨柳腔 / 孙云泽，王成广主编. -- 青岛 ： 中国
海洋大学出版社，2020.11
ISBN 978-7-5670-2674-2

Ⅰ．①即… Ⅱ．①孙… ②王… Ⅲ．①柳腔－即墨－
戏剧教育－小学－教材 Ⅳ．①G624.711

中国版本图书馆CIP数据核字(2020)第237113号

出版发行	中国海洋大学出版社		
社　　址	青岛市香港东路23号	邮政编码	266071
出 版 人	杨立敏		
网　　址	http://pub.ouc.edu.cn		
电子信箱	502169838@qq.com		
订购电话	0532-82032573（传真）		
责任编辑	由元春	电　　话	0532-85902495
印　　制	青岛新华印刷有限公司		
版　　次	2021年1月第1版		
印　　次	2021年1月第1次印刷		
成品尺寸	185 mm×260mm		
总 印 张	4.75		
总 字 数	88千		
印　　数	1～4 000		
总 定 价	66.00元		

如发现印装问题，请致电 0532-87872799，由印刷厂负责调换。

杯接田单**饮老酒**，
醉人乡音**听柳腔**。

——贺敬之

柳腔这一剧种大致产生于清代中叶的即墨西部地区，距今已有200多年的历史，是由民间说唱"本肘鼓"演变形成的。

即墨柳腔在语言方面，运用即墨地区方言，朴素亲切，充满生活气息，具有浓烈的乡土风味。在音乐方面，采用民乐伴奏，主要乐器有四胡、二胡、琵琶、三弦、笙等。悲调和花调是其基本唱腔。柳腔剧目相当丰富，共有传统剧目120余个，移植剧目、现代剧目100余个。其主要传统剧目有"四大京"和"八大记"，包括《卖宝童》《罗衫记》《状元与乞丐》等。

柳腔有着浓郁的乡土气息，深受人民群众喜爱。民谣说："进了即墨地儿，踩了两脚泥儿，吃着地瓜干儿，听着柳腔戏儿。"诗人贺敬之于1984年来即墨时也写下了"杯接田单饮老酒，醉人乡音听柳腔"的诗句。2008年，即墨柳腔被列入国家级非物质文化遗产名录，即墨因之也成为了"中国民间文化艺术之乡"。2014年，中央电视台《非遗中国》栏目对柳腔进行了专题报道，即墨柳腔以其独有的艺术魅力，成为即墨的一张"文化名片"。

聆听

演唱

知识与技能

编创与活动

第一课
国家级"非遗"——即墨柳腔

第二课
唱唐诗

第三课
经典戏韵

第七课
画笔下的柳腔

第六课
唱经典·品唱词

第五课
唱家乡人物

第四课
听故事·唱柳腔

第一课 国家级"非遗"——即墨柳腔

即墨柳腔剧团《即墨大夫》演出剧照

即墨柳腔的形成

即墨柳腔是山东青岛独有的一个戏曲剧种,距今已有 200 多年的历史。它始于清朝乾隆年间,是在山东境内广泛流传的"本肘鼓"的基础上演变而来的,后来与当地的即墨方言融合而成,改为"柳腔",即墨因此成为"柳腔之乡"。2008 年 6 月,即墨柳腔被国务院列为国家级非物质文化遗产。

1980年柳腔剧团《花灯记》演出剧照

柳腔的表演形式

　　柳腔剧目内容多是老百姓喜闻乐见的汉族传统民间故事，其对白运用即墨方言，朴实无华，具有浓郁的地方特色和乡土气息。

学说即墨方言

普通话		方言
太阳	---	"日头"（yi tou）
月亮	---	"月明"
下午	---	"过晌"
深夜	---	"瞎晚儿"

1. 你觉得即墨方言有趣吗？
2. 搜集更多的即墨方言，进行小组交流。

名段欣赏

状元与乞丐

人有冲天之志，
无人不能自通。
马有千里之能，
无人不能自往。

……

柳腔儿歌

即墨柳腔是非遗，

两百多年活历史。

每天我把柳腔练，

唱念做打不疲倦。

经典剧目有传承，

地方戏曲焕新生。

在排练柳腔节目的同学们

1. 你知道柳腔的起源吗？

2. 跟着音乐学唱一两句《状元与乞丐》吧！

第二课　唱唐诗

静夜思

(唐)李　白　词
毛元桥　曲

1=E 2/4

```
02 12 | 12 12 | 12 12 | 1232 1232 | 12 76 |

5 65523 | 5 ) 3 | 35 53 | 1232 76 | 5· 61 |
          床 前  明 月  光      明

15 32 | 1 (11 | 61 56 | 1) 3 | 3 3 2 |
月  光,              疑    是

32 1 | 1 | 52 21 76 | 5· 61 | 53 2123 |
地上霜   地  上  霜。

51 6523 | 5 ) 2 | 2 21 | 676 5 | 5  2 |
              举 头  望明 月  望

2 21 | 6· (7 | 6765 35 | 656 17 | 6765 35 |
明  月,

6) 2 | 32 16 | 53 56 | 1· 7 | 6 76 |
低头  思 故 乡  思,

43 23 | 5 — | 5 — ‖
故    乡。
```

1. 你能有韵味地演唱这首诗吗?
2. 用柳腔的曲调来唱古诗是不是很有趣? 自己选一首喜欢的五言诗唱一唱吧。

《静夜思》演出剧照

柳腔中的人物角色与其他剧种基本相同，分为以下几个行当，我们一起来认识一下吧！

生　　　　旦　　　　净　　　　丑

《姊妹易嫁》选段

怪不得昨晚结灯花，
怪不得怪不得喜鹊叫喳喳，
怪不得猫儿光洗脸，
怪不得喜蛛落檐下。
……

1.听老师介绍《姊妹易嫁》的故事。
2.你喜欢戏中的哪个人物角色？
学一学、唱一唱、演一演。

《姊妹易嫁》演出剧照

我的学唱

我的表演

第三课 经典戏韵

《刘海砍樵》选段

1=D 2/4

5 5 6 i 6 i | 6 i 6 5 3 5 6 i | 5 i 6 5 2 3 | 5) 3 5 |

　　　　　　　　　　　　　　　　　　　　　　　　　　我这

5 6 i 6 5 | 5 5 5 6 3 2 | i | 5 2 3 | 5 4 3 4 3 2 |

里将　海哥　好　有　一　比，

i i 2 3 2 7 6 | 5 i 6 5 2 3 | 5) 0 5 | 5 5 3 2 i |

　　　　　　　　　　　　　　　　我　把　你

i 3 5 5 3 | 5 3 2 i 7 6 | 5 3 (3 3 2 | i i 2 3 2 7 6 ‖

比牛郎　不差　亳　　分。

5 5 0 6 | 5 6 3 2 3 | 5 6 i 7 | 6 7 6 5 3 5 6 i ‖

（白话）

5 5 3 3 2 | i i 2 3 2 7 6 | 5 i 6 5 2 3 | 5) 5 3 |

　　　　　　　　　　　　　　　　　　　胡大

5 3 3 2 | 2 3 2 1 1 6 | 1 5 0 1 | 1 5 3 2 1 |

姐你是　　我 的　妻，刘 海 哥

1 5 3 1 | 3 3 2 1 1 6 | 5 3（3 3 2 | 1 1 2 3 2 7 6 |

你 是 我 的 夫　君。

5 1 6 5 2 3 | 5 ）5 3 | 5 3 3 2 | 2 3 2 1 6 |

　　　胡 大　姐你随着　我 来

5 0 1 | 1 5 3 2 1 | 1 5 5 3 | 3 3 2 1 1 6 |

走，刘　海 哥　　带 路 往前

5 3（3 3 2 | 1 1 2 3 2 7 6 | 5 5 6 1 6 1 | 6 1 6 5 3 5 6 1 |

行。

5 1 6 5 2 3 | 5 ）3 3 2 | 5（3 5 2 3 | 5 ）5 6 3 2 |

　　　走啊 走，　　　行 啊

1（3 5 3 2 | 1 ）1 1 1 5 3 2 | 3 3 1 6 | 5 3……

行，　　　夫妻　双 双 把家 还。

《刘海砍樵》演出剧照

1.你知道《刘海砍樵》的故事吗？
　讲给同学们听一听。

2.学一学、唱一唱、演一演。

《寻儿记》选段

周承瑞　曲

孙·淑林大街上前思后想，
思想起失去儿好不悲伤！
夫抓走儿失散荒旱又降，
寻夫儿遇不幸困在洛阳。
为寻夫我问过千家万户，
找骄儿我走遍山山乡乡。

1.了解《寻儿记》的故事内容。
2.这段唱腔是哪个行当演唱的？试着唱一唱。

认识旦角

老旦

花旦

武旦

1.戏曲中的旦角还有哪些?
2.你还听过哪些唱腔是由旦角演唱的?

我的学唱

我的表演

12

卖宝童

1=F $\frac{2}{4}$

扎大 5 | $\underline{11}$ $\underline{225}$ | 55 | $\underline{ii}$ | $\underline{2221}$ $\underline{7i}$ |

$\underline{56}\overset{\#}{\underline{54}}$ $\underline{225}$ | 5) $\underline{25}$ | $\underline{565}$ $\overset{\#}{\underline{42}}$ | $\underline{25}$ $\underline{221}$ |

　　　　　　只见 母亲 泪纷

$\underline{ii}$ $\underline{72}$ | $\underline{25}$ | $\underline{21}$ | $\underline{72}$ | $\underline{221}$ | $\underline{i7}$ | $\underline{2165}$ |

纷，愁 坏了 母亲 一个

$\underline{554}^{\#}$ 2 | $(\underline{ii}$ $\underline{7i}$ | $\underline{56}\overset{\#}{\underline{54}}$ $\underline{225}$ | 5) $\underline{22}$ |

人。　　　　　　　　　愁坏

$\underline{21}$ $\underline{21}$ | $\underline{7i}$ $\underline{775}$ | $\underline{542}$ $\underline{25}$ | $\underline{51}$ $\underline{21}$ $\underline{7}$ |

了母亲 不要 紧，谁再

$\underline{7i}$ $\underline{221}$ | $\underline{i7}$ $\underline{25}$ $\underline{65}$ | $\underline{55}^{\#}\underline{4}$ 2 | $(\underline{ii}$ $\underline{7i}$ |

给俺 缝衣 襟。

$\underline{56}\overset{\#}{\underline{54}}$ $\underline{225}$ | 5—) ‖

1.了解《卖宝童》这折戏的故事背景。

2.学一学，唱一唱，感受柳腔的唱腔特点。

即墨柳腔目前有传统剧目 120 多个，以"四大京"和"八大记"为主要剧目。"四大京"包括《东京》《西京》《南京》《北京》四部。其中，《卖宝童》是东京中的第一折戏。

认识生角

老生

小生

武生

学生扮演生角的演出剧照

《司马光砸缸》选段

你也夸，我也夸，

见义勇为小儿郎。

书本里讲呀，

故事里讲，

聪明机智司马光。

1.把《司马光砸缸》这个故事讲给小伙伴们听吧。

2.小组合作，唱一唱，演一演。

唱、念、做、打是戏曲表演中的四种艺术手段，同时也是戏曲演员的表演基本功。

《司马光砸缸》演出剧照

我的学唱

我的表演

第五课　唱家乡人物

田横别齐（选段）

1=F 2/4

(0 35 32 | 11 76 | 51 6523 | 5) 35 | 17 61 |
　　　　　　　　　　　　　　　　　　自古　即墨

5 1 32 | 11 332 | 1 33 | 23 16 | 5·(61 |
多　至　贤　出过　了千万　英雄　汉。

5653 2123 | 51 6523 | 5) 11 16 53 | 3 121 |
　　　　　　　　　　　　教育　子民　　要孝

1 33 | 3 2 3 | 2·3 16 | 5·(6 | 5653 2123 |
敬教育　　子民　贵从善。

51 6523 | 5) 11 16 53 | 3 2 25 3 |
欺天　之事　　切莫

61 1 16 | 16 5 5 | 3 32 76 |
做衣食　住行　要俭

17

5·(6 | 5653 2123 | 51 6523 | 5) 2 2 2 2 1

廉。　　　　　莫

76 5676 | 5) 7 7 2 7 | 6·(7 | 6765 35 |

与百姓　失信誉，

656 17 | 6765 35 | 60 70 | 65 35 | 656 17 |

65 35 | 6) 6 | 3 32 | 65 | 2·(3 27) | 6 61 |

你定要 对得 起　　即墨的

43 23 | 56 17 | 65 43 33 | 5 —) ‖

蓝　天。

《田横别齐》演出剧照

学一学、唱一唱、演一演。

《家风》选段

商中有 编剧

毛元桥 曲

一句话没说他他他闭上了眼，
用生命竖起了做人的标杆，
你奶奶含泪把亲人葬，
首长的重托铭心田。
多少回家中缺粮炊烟断，
咱全家没动半文钱，
金灿灿的奖章政府领，
四个字就刻在这上面：
信义可风！

1.了解《家风》的故事背景。

2.学一学、唱一唱、演一演。

《家风》演出剧照

我的学唱 ☆☆☆☆☆

我的表演 ☆☆☆☆☆

第六课 唱经典·品唱词

赵美蓉观灯

1=F $\frac{2}{4}$

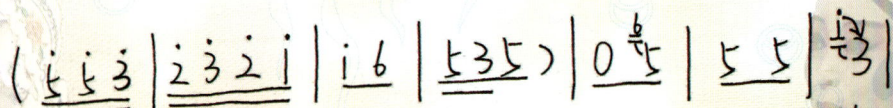

赵　美蓉

进灯　棚，丁字　步，站　当中，素白　扇

遮面　容，举目　留神　来观　灯。

上　　有灯，灯万　盏，下有

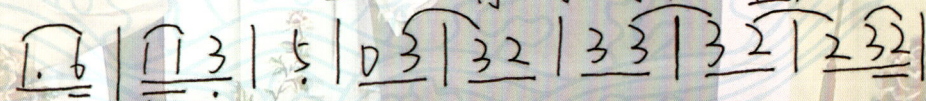

灯　万盏　灯。八　对纱灯　上　面

挂，下坠八对 玻 璃 灯。狮　子

灯，溜地　滚，滚来 滚去 绣球

灯。

《赵美蓉观灯》演出剧照

1.这段唱腔是哪一个行当演唱的？

2.读一读、唱一唱、演一演。

龙凤面 （第三场）

1=F $\frac{2}{4}$

钟文炳：（皂隶）四老爷，抓了多少钱？（文炳）

哎！扎 33 32 | 11 32 | 21 6 | 51 653 | 5) 3 |
官
35 3 | 232 16 | 5 · 61 | 15 32 | 1 | (11 |
衣 穿 了 二 十 年，

61 56 | 1) 33 | 35 3 | 235 16 | 5 · (6 |
千 针 缝 来 万 针 连。

53 23 | 51 63 | 5) 2 | 2 22 | 76 75 | 5 77 |
虽 说 命 苦 没有

75 3 | 2 75 | 6 · (1 | 05 35 | 656 17 | 656 55 |
儿 女，

1. 了解《龙凤面》这个故事。
2. 扮演四老爷的是哪个行当？小组合作唱一唱，演一演。

6) 6|6 5̲3̲2̲|1̲6̲ 3̲5̲3̲|2̲3̲ 2̲6̲|6̲1̲ 2̲3̲|

有儿女　也不让　他　　再　做这

2̲1̲ 2̲6̲ 5 — ‖

四衙官。

《龙凤面》剧照

我的学唱　

我的表演　

第七课 画笔下的柳腔

感受戏曲艺术的魅力

戏曲艺术是我国民族文化百花园中的一朵奇葩。综合性、虚拟性、程式化是戏曲的主要艺术特征。无论是精彩的表演、炫丽的服饰还是那些令人眼花缭乱的场面，都能带来独特的美感。柳腔艺术亦是如此。让我们通过画脸谱和描绘戏曲人物来了解柳腔的文化艺术内涵，寻找其中特有的美感，感受戏曲艺术的无穷魅力。

柳腔演出剧照

了解生、旦、净、丑

生　　　　　旦　　　　　净　　　　　丑

了解脸谱的谱式

三块瓦脸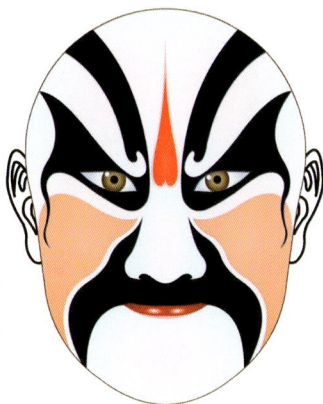

十字门脸

碎花脸

整　脸

思考与讨论

1. 你知道什么是脸谱的谱式吗？
2. 你能说出红、黄、蓝、绿、白、黑等颜色在脸谱中表现了人物的什么性格和品质吗？
3. 你知道家乡的地方戏吗？你想如何进行角色的分工？

脸谱的制作步骤

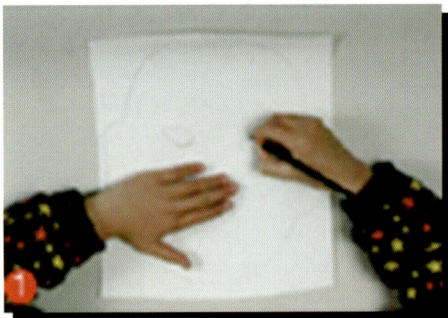

在硬纸板上画出两眼的位置和脸型的轮廓。

剪出两个眼睛后，再沿轮廓线剪出脸型。

把脸型上下两侧各剪一刀后，把它钉好或粘贴好。

选择脸谱谱式，起稿、着色，完成。

脸谱作品欣赏

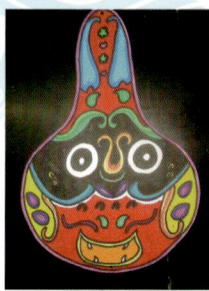

艺术实践

小组合作选编一处"小戏"，并根据戏中人物的角色分别做出他们的脸谱、头饰与道具，穿戴好后与同学们排练并进行表演。

我感受到了地方传统戏曲的魅力，并为之感到自豪。

看哪个小组的服装、道具、布景设计得好，并且戏曲表演得精彩。

附录

柳腔选段

逛古城

新春佳节，乐融融，
姐妹们结伴逛古城。
牌坊一座连一座，
城门楼子，立当空。
墨水苑，映学宫，
还有古县衙落当中。
一城、两街、十三坊，
十大景观在咱即墨古城。

花灯记

元宵佳节，月光明，
姐妹们结伴逛花灯。
花灯盏盏抿嘴笑，
笑得满城一片红。
灯棚一座连一座，
满城的花灯都有名。
公鸡灯，
母鸡灯，
还有鸭巴子浮水灯。
鲤鱼花灯跳龙门，
螃蟹灯横着行，
燕子灯来戏水，
惊动了对对鸳鸯灯。
这个灯棚观过去，
咱姐妹再去看那棚灯。

赵美蓉观灯

赵美蓉，进灯棚，
丁字步，站当中。
素白扇遮面容，
举目留神来观灯。
上有灯，灯万盏，
下有灯（那个）万盏灯。
八对纱灯（在）上面挂，
下坠（着）八对玻璃灯。
狮子灯（是）溜地滚，
滚来滚去（个）绣球灯。
挑门西，挂门灯，
红灯沉纱灯轻，
灯怕这老天刮大风。
刮灭纱灯非小可，
怕的是来年不收成。
松棚灯观过去，
接下来再观十棚灯。
一龙灯，二虎灯，
三军大战吕布灯，

四马投唐灯，
五子登科灯，
六郎杨景灯，
七星织女灯，
八挂连环灯，
九天仙女灯，
十面埋伏灯。
十棚灯观过去，
接下来再观庄稼灯。
黍子绣穗骑烈马，
胡黍串穗儿持枪拧。
麦子盘根打下座，
谷子绣穗儿哭号声。

地瓜洒下拌马锁，
要害荞麦百万兵。
黑豆地里打一仗，
黄豆地里安大兵。
绿豆地里开了炮，
砰啊啪啊的不住声。
秋后来了镰元帅，
不分孬好一扫平。
庄稼灯观过去，
接连着再观菜园灯。
韭菜灯赛马鬃，
扑扑楞楞的香菜灯。

黄瓜灯一身刺，
茄子灯那个紫莹莹。
白菜灯一蓬松，
萝卜灯那个愣头青。
南园的方瓜造了反，
北园的北瓜领兵征。
冬瓜点上一杆炮，
打的个西瓜直愣怔。
一个葫芦吓急了仗，
跑到了垛顶去搬兵。
菜园灯观过去，
下次再观那棚灯。

31

即墨柳腔

JIMO LIUQIANG OPERA

小学版（第二册）

孙云泽　王成广　主编

中国海洋大学出版社

·青岛·

策　　划　王　波

艺术指导　张成林　于正建　解本明　袁　玲　毛元桥　王永贵

　　　　　　姜秋芝　李秀梅　张昌华

主　　编　孙云泽　王成广

副 主 编　薛　艳　马守英

编　　委　（按姓氏笔画排序）

　　　　　　丁丛丛　于钦泉　王　波　王洲锡　苏　健　李晓燕

　　　　　　沙朝阳　张高伟　陈丽娜　周　蓓　高立鹏

图书在版编目（CIP）数据

即墨柳腔 / 孙云泽，王成广主编. -- 青岛：中国
海洋大学出版社，2020.11
　ISBN 978-7-5670-2674-2

　Ⅰ. ①即… Ⅱ. ①孙… ②王… Ⅲ. ①柳腔－即墨－
戏剧教育－小学－教材 Ⅳ. ①G624.711

　中国版本图书馆CIP数据核字(2020)第237113号

出版发行　**中国海洋大学出版社**
社　　址　青岛市香港东路23号　　　　邮政编码　266071
出 版 人　杨立敏
网　　址　http://pub.ouc.edu.cn
电子信箱　502169838@qq.com
订购电话　0532-82032573（传真）
责任编辑　由元春　　　　　　　　　　电　　话　0532-85902495
印　　制　青岛新华印刷有限公司
版　　次　2021年1月第1版
印　　次　2021年1月第1次印刷
成品尺寸　185 mm × 260mm
总 印 张　4.75
总 字 数　88千
印　　数　1~4 000
总 定 价　66.00元

杯接田单**饮老酒**，
醉人乡音**听柳腔**。

——贺敬之

柳腔这一剧种大致产生于清代中叶的即墨西部地区，距今已有200多年的历史，是由民间说唱"本肘鼓"演变形成的。

即墨柳腔在语言方面，运用即墨地区方言，朴素亲切，充满生活气息，具有浓烈的乡土风味。在音乐方面，采用民乐伴奏，主要乐器有四胡、二胡、琵琶、三弦、笙等。悲调和花调是其基本唱腔。柳腔剧目相当丰富，共有传统剧目120余个，移植剧目、现代剧目100余个。其主要传统剧目有"四大京"和"八大记"，包括《卖宝童》《罗衫记》《状元与乞丐》等。

柳腔有着浓郁的乡土气息，深受人民群众喜爱。民谣说："进了即墨地儿，踩了两脚泥儿，吃着地瓜干儿，听着柳腔戏儿。"诗人贺敬之于1984年来即墨时也写下了"杯接田单饮老酒，醉人乡音听柳腔"的诗句。2008年，即墨柳腔被列入国家级非物质文化遗产名录，即墨因之也成为了"中国民间文化艺术之乡"。2014年，中央电视台《非遗中国》栏目对柳腔进行了专题报道，即墨柳腔以其独有的艺术魅力，成为即墨的一张"文化名片"。

聆听

演唱

知识与技能

编创与活动

第一课
唱唐诗

第二课
独特的四胡

第三课
梨园新韵

第七课
画笔下的柳腔

第六课
柳腔里的我

第五课
柳腔里的风采

第四课
卯腔中的你、我、他

第一课　唱唐诗

春晓

(唐)孟浩然 词
毛元桥 曲

1=E 2/4

(16 12 | 35 32 76 | 5 6523 | 5) 35 | 561 | 53 |
　　　　　　　　　　　　　　　　　春眠　春眠

35 32 | 1. 6 | 61 53 | 35 53 | 532 | 16 |
不觉　　晓，处　　处　处处　闻　啼

5 (5 332 | 112 3235 | 22 22 | 65 32 | 11 | 11 |
鸟.

0327 | 6 2 | 3532 76 | 5 6523 | 5) |
　　　　　　　　　　　　　　　　　　　夜

1 5 3 | 532 16 | 5 (3 323 | 5) 15 | 5 1 32 |
来　风　雨　声　　　　　风　雨

1 65 63 | 53 53 | (11 11 | 01 6165 | 33 33 |
声，

06 43 | 21 22 | 03 25 | 77 77 | 665 76 |

5 6523 | 5) 5 | 53 23 | 12 35 | 2 1 |
　　　　　花落　知多　少

61 25 | 21 76 | 5 1 ‖
知　多　少.

四胡	二胡	月琴	中胡	三弦

扬琴	笛子	笙	锣	鼓

柳腔的伴奏：
柳腔采用民乐伴奏，分文场和武场。
文场由弦乐和管乐组成，武场由打击乐组成。

1.听我跟着伴奏唱两句古诗给你听！

2.编创两个动作来表演这首诗。

02

江 雪

柳宗元

千山鸟飞绝，

万径人踪灭。

孤舟蓑笠翁，

独钓寒江雪。

03

1. 你能随音乐哼唱这首诗吗？

2. 你能用柳腔唱腔演唱这首古诗吗？
   和着《春晓》的伴奏音乐试一试，相信你一定行！

清明

（唐）杜 牧词
毛元桥曲

1=E 2/4

(1 1̲2̲ 7̲6̲ | 5 6̲5̲2̲3̲ | 5) 3̲5̲ 3 | 3̲2̲ 3̲2̲ | 2̲3̲2̲ 1̲6̲ |

清明 时节 雨纷

5 0̲3̲ 3̲2̲ 3̲2̲1̲ 1̲3̲ 3̲3̲ | 5̲3̲3̲ 7̲6̲ | 5̲3̲ 3̲3̲2̲ |

纷， 路 上 行人 欲 断魂。

1 1̲2̲ 7̲6̲ | 5 6̲5̲2̲3̲ | 5) 1̲ 1̲3̲2̲ | 5̲3̲2̲ 1̲6̲ |

借 问 酒

5̲3̲ 3̲2̲3̲ | 5) 1̲ 2̲6̲ | 6̲5̲6̲ | 5̲3̲ 5̲3̲) |

家 何 处 有？

(5̲5̲6̲ 1̲6̲1̲2̲ | 6̲1̲6̲5̲ 3̲5̲6̲1̲ | 5̲ 6̲5̲2̲3̲ | 5) 2 | 3 3̲2̲ |

牧童

1̲6̲ 3̲5̲ | 2 0 | 6̲1̲ 2̲3̲ | 1̲2̲ 6̲ | 5 — ‖

遥 指 杏 花 村。

1.说一说这首古诗的唱腔属于哪个行当？
2.编创几个动作表演这一唱段。

四胡

四胡是柳腔的主要伴奏乐器，属于文场乐器。

1.四胡的声音有什么特点？
2.仔细听听，你还能听出哪种乐器的声音？

吕剧《借年》选段

大雪飘飘，年除夕，奉母命，

到俺岳父家里，借年去。

没过门的亲戚，难开口，为母亲哪顾得。

……

1.你知道这一选段的剧种是哪个地区的吗?

2.学唱几句《借年》,并听一听里面的主奏乐器是什么。

第三课　梨园新韵

逛古城

袁玲 整理
薛艳 填词

1=E 4/4

(35 32 |321 |2123 |5356 |i) |ⅰ 53 |2 32 1.61|
　　　　　　　　　　　　　　　　新 春 佳

5.3 (323|5) |i5 5 i2 |i65 663 |5.3 5.31|
节　　乐　　融 融，

(5356 6i2|6i65 36i |565i 6i23|5) 3.2 |53 321|
　　　　　　　　　　　　　　　　姐 妹们

73 53|2 2 1.6|5.3 3.2|(112 3276|565i 6523|
结伴 逛 古 城。

5)35|36 3.2|22 1.6|5(i2i6|5)321| |
牌坊 座座 古城 中，　城门

73 53|2 16|3 32|(i2i2 376|56ii 6i23|
楼子 立当 空。

5)323|5(3523|5)5632|ⅰ(3523|ⅰ)||
墨水 苑，映 芈 宫，还有

2.3 5|5i i3|3 32|(i2i2 376|5i 6i23|
古县 衙 落当 中。

5)35|53 22|2 16|5(i2i6|5)3 33|
一城 二街 十三 坊，十大 景

235|ⅰ—ⅰ—|123|2i 76|5—| ||
观就 在 这即 墨古 城。

1.你还知道即墨的哪些风景区？说给同学听听。

2.编创歌词，唱一唱即墨风景的美。

夸四小

姜秋芝　编曲

赵春学　词

薛　艳

小同学，上台来，

丁字步，站当中。

今天不把别的夸，

夸夸四小我的家。

……

1.你能随音乐学唱这一唱段吗？

2.对比以前学过的戏曲，它与哪一段的唱腔相同？唱一唱。

（武场）

板

铙

单皮鼓

大锣 小锣

柳腔的伴奏（武场）

武场的伴奏以打击乐为主。

11

学念一段锣鼓经。

第四课 柳腔中的你、我、他

花灯记

袁玲 整理

1=E♭

(3532 1321 | 2123 5356 | 1) 1 | 1 5 3 | 2 32 1.6 |

　　元　宵　佳

5.3 (313 | 5) 1 5 | 1 2 | 1 65 663 | 5.3 5.3 |

节　　　月　光　明，

(5356 612 | 6165 361 | 565 623 | 5) 3.2 | 53 32 |

　　　　　　　姐　妹们

13 53 | 1 1 1.6 | 53 32 | (12 376 | 565 623 |

结伴　观花　灯，

5) 35 | 3 6 32 | 22 1.6 | 5 (1216 | 5) 32 |

花灯　盏盏　抿嘴笑，　笑得

13 53 | 2 1 6 | 3 32 | (12 376 | 561 623 |

满城　一片　红，

5) 323 | 5 (35 23 | 5) 56 32 | 1 (3523 | 1) 11 |

公鸡灯，　　母鸡灯，　　还有

2.3 5 | 51 | 13 | 3 32 | (12 376 | 51 613 |

鸭巴子　凫水灯。

5) 35 | 53 22 | 2 6 16 | 5 (1216 | 5) 3 33 |

这个灯棚观过去，　咱姐妹

2 35 | 1 1 | 1 1 | 13 | 21 76 | 5 |

再去看那棚灯。

1. 对比《逛古城》，你发现了什么？
2. 与同学合作，参与表演《花灯记》。

13

戏曲里的念白

戏曲里的念白，有它独特的韵味，它与唱、做、打一起构成了戏曲的四大表现形式。

《田横别齐》选段

田横念：老人家
　　唱：老妈妈你莫要把心来操，田横我，
　　　　为齐国深感骄傲，这一去息战乱……

学一学戏曲中角色之间的对白，注意相互之间的配合。

《姊妹易嫁》选段

1=F $\frac{2}{4}$

(12 35 2 76 | 5i 653 | 5i6 65 | 35 | 3·5 5 i2 |
　　　　　　　　　　　　　　　　　　　怪不得昨晚 结　　　　灯

53 (33 | 35 32 2 | 3) i76 | 5(i2 i6 | 5) 03 35 3 21 |
花，　　　　　　　怪不得　　　　怪 不 得

i3 53 | 2 32 i6 | 53 (32 2 76 | 5i 63 | 5) |
喜鹊 叫喳　喳，　　　　　　　　　　　怪

i3 32 | 2 32 i6 | 53 (323 | 5) i5 5i 2 | i65 63 |
不得猫　儿　　　光 洗 脸，

53 53 | 5 356 ii | 6i6i 356i | 5i 63 | 5) iii | 23 5 |
　　　　　　　　　　　　　　怪得喜 蛛

53 56 | 5 3 32 | i2 76 | 5i 63 | 5 ‖
落 檐 下。

1. 说一说，唱段中的几处"怪不得"在节奏上有什么变化？
2. 学几个戏剧动作，表演本唱段。

《打焦赞》选段

焦赞　排风，来到校场与你二爷扎枪？

排风　不好！

焦赞　砍刀？

排风　不好！

焦赞　打拳？

排风　也不好！

焦赞　你我二人怎样玩耍？

排风　咱们爷俩玩棍吧！

……

第23届中国少儿戏曲小梅花荟萃
集体节目

主 办：中国戏剧家协会 张家港市人民政府
承 办：中国文联戏剧艺术中心 中共张家港市委宣传部 张家港市文体广电和旅游局
协 办：张家港市锡剧艺术中心 张家港市文化馆

1. 欣赏《打焦赞》，跟着视频做一做。
2. 自己设计几句念白，配上动作表演一下。

戏曲中的唱、念、做、打有机结合，相互交融，形成了完美的舞台形象。

四老爷巡城

1=E $\frac{2}{4}$　　　　　　　　　　——《龙凤面》选段

东七里，西七里，南七里，北七里，四七 二十

八，<u>1 1</u> 1 <u>3 2</u> 1 5 <u>5 5</u> 5·（6 |5 3 <u>2 3</u> |5 i 6 3 1

四七　　二十八里地。

50) ‖: 5 i　5 i :‖ 见了 大官 得下跪，<u>3 3</u> 5 <u>3 2</u> |

　　　　　　　　　　　　　　　　见了　小官

<u>1 6</u> 5 |（<u>3 2 3</u> <u>5 3 2</u> |<u>1 2 6</u> 5）‖: 5 i　5 i :‖ 今天 迎官

得作揖。

奔正东，明天送官 0 5 6 1 |5 （5 3 |<u>2 3 2</u> 1 6 |5 0）

　　　　　　　　　　　又 奔正西。

要是 一步 来得 慢，小板子 打得 0 啪 0 啪

‖: 5 i　5 i :‖ <u>3 3</u> 5 <u>5 6</u> |5·（6 |5 3 <u>2 3</u> |5 i <u>6 5 2 3</u> |5 0) :‖

　　　　　　　啪 啪 的。

5 i　5 i :‖ 别看我 头戴 <u>1 5</u> 5 3 <u>2 3</u> |<u>2 2</u> |3 <u>2 1</u> |<u>1 6</u>

　　　　　　　这顶 乌 纱 帽，官真是 不

<u>2 3</u> |6 5 0‖

容易。

19

1.与同学合作，分角色表演。
2.戏中的"四老爷"属于哪个戏曲行当？

太平盛世

大海扬波起歌声，
唱出一轮旭日升。
学赶深圳立潮头，
时尚溢彩照岛城。

......

1.分别说出剧中人物的行当。
2.能跟着音乐哼唱其中的片段。

第七课　画笔下的柳腔

戏曲人物（中国画）叶浅予

戏曲人物

　　小小一方舞台，却演绎着人生百态、悲欢离合。柳腔戏中，人物独特的服饰、造型和表演都具有浓郁的民族特色。戏曲水墨人物画多用笔简练，造型生动，重点表现人物的动作和神态。

戏曲人物的绘画提示

1. 用笔的中锋蘸墨勾画出戏曲人物造型。
2. 用侧锋蘸清水把脸部染湿，稍干后涂色，或直接用色染脸。
3. 用颜色染服装，注意控制好水分。

戏曲人物（中国画）关良

用笔及设色的练习

请你体验一下中国画的用笔和设色方法吧！

1.你能说出几种柳腔戏中人物的行当？

2.不同的人物、不同的行当有哪些代表性的动作或表情？你能给大家表演一下吗？

3.在画面中如何更好地展现人物的动态、表情？

刀马旦

打渔杀家（中国画）庞邦本

文丑

青衣

武生

22

柳腔戏剧照

学生作品

孙悟空大闹天宫

王冠 作

武松打虎 丙申语宇作

1. 欣赏柳腔戏的图片或影视剧照，运用中国画技法画一幅自己喜欢的戏曲人物。
2. 看谁的笔墨技法运用得好，人物表情刻画得生动？

附录

柳腔课本剧

司马光砸缸
（独幕剧）

时　间　上学的一个早晨。
地　点　学堂。
人　物　司马光、糖豆儿、小房儿、小可爱、小雅、小静静。

　　　　[幕起，六个孩童身背书包，唱着歌曲《读书郎》，蹦蹦跳跳地从两侧上场。

司马光　（唱）没有学问，我无脸见爹娘。
小房儿　呛。
糖豆儿　快快快……
　　齐　（鞠躬）先生，我们来了。先生，我们来上课了——
小可爱　（观望）唉，里面没人出声。
　　齐　咦？（直立）
司马光　或许，是先生还没来？
小房儿　哎、哎、哎，一定是昨天晚上，先生批了一夜的作业，对号，差号。（模拟"√""×"动作）说不定啊，先生现在还在床上打呼噜呢！
糖豆儿　（出列）嗯——嗯——（打眼罩，做着滑稽动作，观望）哎，先生还真没来。
　　齐　真的，真的。
小房儿　好好好，正好，趁这机会，我们来玩捉迷藏。
　　齐　好——
糖豆儿　好，同意。
小可爱　我也同意。
司马光　不好，叫我说，趁这时间，我们应该先来复习功课。
小房儿　你真傻、真傻、真傻！这么好的机会，你复习什么功课你，（用屁股撞司马光）你复习什么功课！
司马光　不要忘了，昨天放学，先生布置的家庭作业，背诵一篇《三字经》。
糖豆儿　哼，教育部早就三令五申！
小房儿　三令五申！
糖豆儿　不准给小学生布置家庭作业！
小房儿　不准布置作业！
糖豆儿　就他——这样做，可真是顶风作案，懂不懂？
小房儿　对，咱们应该举报他。

糖豆儿　就是，（得意地）这老先生可没少打我的板子。举报他，让校长打打他的板子。

小房儿　对，让校长扣他的工资。

糖豆儿　对！

小　雅　小房儿，糖豆儿，你们要玩就玩，我要和司马光温习功课！

司马光　（得意）呵，呵，呵……（小可爱，小雅跑到司马光身边）哼！

糖豆儿　那，要不咱先玩耍，后学习？

小房儿　对！

司马光　不，只能先学习，后玩耍！

小　雅　我同意。

小可爱　我也同意。

小房儿　（不怀好意地走向小静静）那你——

　　　　（从小静静一侧，用屁股顶着小静静）你咋办呢？

小静静　（思考的口气）我——当然也同意。（说着，跑向司马光）

糖豆儿　（很失望地跑回自己的阵地）哎呀！

司马光　（双手叉腰得意地笑）呵，呵，呵……

小房儿　好好好，先学习，后玩耍。不就是背诵《三字经》嘛，谁怕谁呀？（双手抱肚子）这是啥？这里头全是知识，来吧。

司马光　那好，大家站好，我来领诵。

　　齐　好嘞。

司马光　人之初，性本善，念。

　　齐　人之初，性本善。

糖豆儿　越打我越不念。

小房儿　我刚刚念会了。

糖豆儿　一巴掌打个糊涂蛋。

司马光　（生气）你们！

糖豆儿　哈哈哈……

　　　　[三个女孩窃笑，后退。

小房儿　哎呀，求求你了，求求你了，司马光，小光，光光。

糖豆儿　哎呀，咱们还是先玩会儿吧。

小房儿　就是，就是，你再不玩儿，先生就该过来了。

司马光　唉！

　　齐　俺真服了你了。

小房儿　好好好！（作揖）谢谢诸位，谢谢诸位了，（转身）谢谢司马光。这回，我让你们先藏，我蒙上眼睛找，怎么样？

　　齐　好嘞！

　　　　（唱）六个小小读呀读书郎，

　　　　　　学堂花园捉迷藏。

[小房儿捂着眼睛，糖豆儿把小房儿推向前方，众人藏好。

小房儿　（转身找）嗯——嗯——（跑向舞台右侧找，跑向舞台左侧找）哎？（思考）这人都藏哪儿去了？嗯？（甩头向右两次）嗯？（双脚跳向一边）噢……我知道了。

[小房儿随音乐，左转身围着水缸找一圈，糖豆儿躲着转一圈。然后小房儿手扶缸沿，单膝跪，左右张望，失望地坐下。糖豆儿从缸的后面爬上去。

小房儿　嗯，嗯。（猴子似的打眼罩，左右观望，挠头，思考，拍脑袋）哎，（转身站起来）我抓住你了！

糖豆儿　呀——（掉进水缸，音乐起）

齐　　　（唱）忽然一声"扑通"响，有人掉进大水缸。（众人手指大水缸）

糖豆儿　（在水缸里起伏，挣扎）快救我，快救救我……

齐　　　（扑向水缸，喊）糖豆儿……

糖豆儿　（在水缸里起伏，并喊）快救我，快救救我……

齐　　　（围着水缸，叫喊着，着急地转）

　　　　（唱）大水缸，大水缸，

　　　　一缸清水满当当。

　　　　只恨自己个子低，

　　　　也恨胳膊不够长。

司马光　（出列唱）快把救人办法想。

　　　　[众人着急思考。

小房儿　哎，我有办法了！

齐　　　啥办法，你快说！

小房儿　（唱）众人合力推水缸。

齐　　　好好，行行。（七嘴八舌，并来到水缸两边）

　　　　（唱）咣当咣当咣当咣当不见水缸倒，

　　　　咣当咣当咣当咣当只见水缸晃。

　　　　咣当咣当咣当咣当再看小糖豆儿。

糖豆儿　（喊）小房儿。

小房儿　哎，哎。

糖豆儿　你个熊样儿你，你再这样咣当咣当咣当咣当，

　　　　（唱）我怕就要一命亡。（沉入缸底）

齐　　　（着急喊）糖豆儿……

司马光　（出列着急地走动）

　　　　（唱）喊声高，哭声响，

　　　　临危不能太慌张，

　　　　灵机一动快下场。（跑下场）

齐　　　着急地喊：司马光……

小房儿　（向司马光跑的方向）小光——光光——咦，这也太不够哥儿们了吧。（转
　　　　身向水缸）糖豆儿，兄弟我——我对不住你了，（跑向水缸手扶缸）你一路
　　　　走好吧！

司马光　（怀抱大石头上台）小房儿，闪开闪开，让我快砸缸。
　　　　[咣！缸破，糖豆儿从里面露出，众人七手八脚把糖豆儿拖出来。

小房儿　闪开，让我来。（为糖豆儿做按压动作三次，糖豆儿吐水醒，音乐起）
　齐　　（唱）你也夸，我也夸，
　　　　见义勇为小二郎。（众人推出司马光）
　　　　书本里讲呀，故事里讲，
　　　　聪明机智司马光。（众人托起司马光）
　　　　[幕落。

新墙头记
（独幕剧）

时	间	寒冬的一个早晨。
地	点	张木匠二儿子二乖家外。
人	物	父亲（张木匠）、大乖、二乖、李氏（大乖妻）、赵氏（二乖妻）、王银匠。

[幕起，（唱）父母呼，应无缓。父母命，行勿懒。父母教，需敬听。父母责，须顺承。亲爱我，孝何难。亲憎我，孝方贤。亲有疾，药先尝。昼夜侍，不离床……

旁　白　孝敬父母，是中华民族的传统美德；赡养老人，是每个当子女的应尽义务。可是下边这哥俩是怎样做的呢？

[赵氏、二乖上场。

赵　氏　（唱）赵氏女回娘家住了三天，乘轿车急急忙忙赶回家园。二相公——

二　乖　哎呀呀，娘子，你回来了——（施礼）

赵　氏　（还礼）回来了——

二　乖　娘子，你好不容易回家一趟，为啥不多住两天？

赵　氏　快拜（别）说了，这一年六个小尽（小月）都让您大哥摊上了。今天不是初一嘛，我这是赶回来接您那个老——老儿的。

二　乖　啊，又是小尽？不公，那不公！

赵　氏　不公？受着吧你。

二　乖　不行，我找他讲理去。（抬脚欲出门）

赵　氏　回来，咱大哥大嫂横竖不讲理，他能听你的？咱还是想个办法对付他们吧。

二　乖　对对对，有理有理。有理是智，智在计也，这计……（转身拿书）

赵　氏　这个计，（夺过书）哎，看书干什么？俺倒是有个笨办法。

二　乖　噢？讲来，我听。

赵　氏　咱关上门，堵上窗，任他叫喊不搭腔儿。

二　乖　哎呀呀，高高高！妙妙妙！

赵　氏　行了行了，别咬文嚼字了，关门儿。（下场）

二　乖　是——（施礼，关门）此乃关门儿之计也。（下场）

李　氏　（台后）小儿他爹。

大　乖　（台后）哎。

李　氏　（台后）天不早了，咱快点儿走吧，昂。

大　乖　走走走……走走走，你快走两步行不行你！（二人连推带拽把父亲拽出来）

父　亲　大乖，你让我吃顿早饭再走，行吧？

大　乖　吃早饭？（转身看李氏，李氏甩脸子）吃了早饭没法算账。

父　亲　天这么冷，要不等出了太阳，让我暖和暖和再走，行吧？

29

李　氏　（没好气地）你紧走两步不就暖和了嘛！

大　乖　就是，你紧走两步不就暖和了嘛！

父　亲　我走不动。

大　乖　（转向李）他走不动。

李　氏　（用力推大乖）快走，走。

　　　　〔音乐起，大乖拽着父亲前行。

大　乖　走走走走……（父亲跌倒，大乖甩出去）哎哟哎哟……啊！安阳来（语气词），你看看俺的新棉裤，俺的新棉裤……（起身转向父亲）你说你老了有啥用？连路都不能走，站那里，我给你叫门。老二，开门，老二，开门。（老二两口上场）（大乖随音乐从上到下趴门缝上看）没在家？（用胳臂肘撞撞门）不对！

　　　　（唱）门栓儿，里面插，

　　　　明明你夫妻都在家。

　　　　不用你装聋又装傻，

　　　　你不开门——你不开门，

　　　　（看见石头）不开门用石头砸。

　　　　（音乐继续，搬石头，砸门，老二两口用手顶门）他不开门我高声骂。

赵　氏　（对二乖说）咱权当没听见，算他骂自己。

大　乖　我骂你这不孝之子。

二　乖　哎哟，越骂越难听了。

赵　氏　一咒十年旺，越骂越旺盛，走。

大　乖　哎呀，他这不开门你说怎么办……（一边走，一边自言自语，来到墙边，看到墙，又回头看看父亲，得意地点点头，挪步到父亲身边，抢过拐杖）你拿过来吧你。（把拐杖扔到墙里边去）

父　亲　哎——大乖，你还要爹不？

大　乖　（翘脚看看墙里边，再看看墙，得意地）嘿嘿……哎，有了，你不开门我也有办法。（对着观众）我把老头撮（托）墙头上，我看你要爹不要爹！对！（转身对父亲）来来来，你不是走不动嘛，我背着你来。

父　亲　大乖，你背我上哪去？

大　乖　快上来吧你，拜（别）问了啊，来！

父　亲　噢。

大　乖　哎哟哎哟哎哟，你说这个人老了有啥用，你连骨头都怪硌人的昂。哎哟，走走走。（背着走到墙边）来来来，慢点慢点。（把父亲托到墙上，撤身闪开）

父　亲　啊——大乖。我要掉下去啦——

大　乖　要掉你掉墙里边去，你要是掉到墙外边来，可真木（没）有人管饭了。（随音乐跑下场）

父　亲　大乖——大乖——（生气）好奴才！

（唱）骂声大乖你不该，

撮（托）我上墙你跑开。

这墙是我亲手垒，

想不到成了我的望乡台。

见过七十二样死，

没见过墙头这一灾。

（转身呼喊）大乖——二乖——救命啊——

王银匠　（音乐起）拾掇金银首饰来——（上场）

（唱）王银匠，串四乡，

尊一声，众街坊。

金银首饰我拾掇得好，

有碎的，化整的，

化成了银锞攒私房。

挑着小挑往前走，

（喊）拾掇金银首饰啰——哎？

（唱）谁家的被套搭在墙上？

（喊）哎，这是谁家的被套搭在墙上了——也不怕让人家偷了去安（语气词）。

父　亲　救命啊——

王银匠　哎哟，还是个大活人来，等着啊，我放下挑子把你接下来哈。啊呀，这大清早爬这么高倒是挺凉快的哈。来来来，我接你下来，来来——慢点——我看看这是谁？哎哟，这不是木匠老哥哥吗？

父　亲　（揉揉眼）你是银匠兄弟吧？

王银匠　我说老哥，这么冷的天，你大清早爬墙上去看风景啊？

父　亲　唉！银匠兄弟别提了，俩不孝的儿子不养我，把我发墙头顶上了——

王银匠　这俩混蛋东西，你省吃俭用地把他们抚养大了，有了钱就变坏了是不是，我说老哥哥，摊上这样的儿子，你得想个法儿啊。

父　亲　唉，我有什么办法？

王银匠　你没有办法，我帮你想个法儿，我帮你想个什么法儿？（思考）有了，老哥，我这个法使出来，保证叫他俩争着孝顺你。

父　亲　啥法儿？

王银匠　啥法儿？我说给你听：我这个样子，分别到两个儿子家去找你讨债，说你先前到我这里拾掇银子，欠下我的手工钱，然后你再这样这样……

父　亲　哎呀，不行不行，当老儿的哪能跟小儿的撒谎？

王银匠　什么撒谎不撒谎，摊上这样的孩子就得这样办！要不你就得活受罪！你受的还早着来。

父　亲　老兄弟，这个法漏不了吧？

王银匠　你看看，这天知地知，你知我知，你还怕什么？

父　亲　好，就这么办。

王银匠　这就对了，走，老哥哥，咱上饭馆去，我给你打上壶酒，再要上两碗馄饨，你吃着喝着。看我的，我要是不让他俩争着养你我就不姓王了。走，老哥哥，上饭馆喝酒吃馄饨去喽——
　　　　[李氏、大乖上场。

李　氏　小儿他爹。

大　乖　哎。

李　氏　你听银匠大叔说了没有，咱爹有私房钱。快走，接爹去，别让老二抢了先。

大　乖　对对对，快走快走。

父　亲　（唱）银匠与我把计定，
　　　　不知方儿灵不灵。
　　　　到老来反靠撒谎度残生，
　　　　前思后想，心不定。

大　乖　哎——（差点撞父亲身上）哎呦，爹。
　　　　（唱）过来接你回家中。

李　氏　爹你怎么在这里？

父　亲　他不给我开门，我没处去。

李　氏　老二，你这个石头缝里蹦的，也不怕天打五雷轰！噢，你当是爹离了你就不能活了呀？好啊！从今后，看嫂子我是怎么孝顺爹的。
　　　　[老二两口上场。

赵　氏　听听听听，装得多像，这是知道爹有钱了。

二　乖　卑鄙无耻，小人之辈。

赵　氏　哼！干什么？干什么？

二　乖　爹，你老人家怎么不到我那边去？

赵　氏　是啊，尽孝不能让俺大哥一个尽呀！

二　乖　是呀。爹，走，上俺家。

李　氏　上俺家，上俺家。
　　　　[四人争爹。

父　亲　唉！（众人定格）

旁　白　老人果真被两个儿子争着孝顺了。多年后老人去世，两个儿子为争所谓的金银，刨土挖墙，最后被压在墙下，得到了报应。
　　　　现在，我们国家法律规定每个人都有赡养父母的义务，再有像大乖和二乖这样的不孝儿子会受到法律制裁的。
　　　　[幕落。

林教头风雪山神庙

时　间　夜晚。

地　点　酒馆、山神庙。

人　物　林冲、陆谦、管营、差拨、小二。

第一幕

[幕起，风雪交加之夜，酒馆前，林冲上。

林　冲　想我林冲，人称"豹子头"，本是八十万禁军教头。被那高太尉设计陷害，蒙罪，被刺配到这沧州来看守草料场。正值银冬天气，待我前往那村店购得一壶热酒回来，得以驱寒。小二哥——

小　二　哎呀，恩人，您可来了。（搬凳放下）我正要找您呢。

林　冲　小二哥，连日里买卖可好？

小　二　好，好——（走向八点方向观望，再走向二点方向观望，最后走向林冲）有些要紧话说。

林　冲　噢，什么要紧事儿？

小　二　那一日，我在店里安排菜蔬下饭，只见一人——（音乐起，陆谦上，来到店里坐下）是个军官打扮，那人拿出一两银子给我，说——（指向陆谦）

陆　谦　小二，过来。

小　二　哎，来喽——（跑向陆谦）

陆　谦　且收到柜上，取三四瓶好酒来，一会儿等客人到时，果品酒馔只管拿来。

小　二　噢，是是是。（看银子，回到林冲身边）一会儿，管营和差拨进店，那人与管营差拨见礼。

管　营　我与你素不相识，敢问官人尊姓大名啊？

陆　谦　有书在此，呃，（用手拍打管营的手）少刻便知。小二——且取酒来。

小　二　哎——来了。我连忙开了酒，（倒酒动作）您请，您请，您请。

陆　谦　小二——

小　二　哎——

陆　谦　我自有伴当烫酒，你且出去，不叫你就不要进来。

小　二　噢，是是是。（面向林冲）我出来时，就听那人嘴里说出——

陆　谦　高太尉。

差　拨　啊——（跌倒在地）

小　二　（面向林冲）小人心下疑惑，便在门外听了足有一个时辰。怎奈，他们交头接耳，我什么都听不清楚，最后只听那差拨口里应道。

差　拨　嗯嗯嗯，都包在我俩身上，好歹要结果了他。

小　二　啊！（吓到在地，然后面向林冲）我从门缝往里一看，只见那人拿出一大包金银交与差拨，又吃了一会儿酒，便各自散去。

　　　　［三人抱拳，大笑。陆谦先离去，管营和差拨两人收拾金银，扬长而去。

小　二　（转向林冲）这事恐怕与您有所关连呐。

林　冲　噢，那人生得什么模样？

小　二　那人白净面皮，没甚髭须，面神诡异。嗯，约有三十来岁。

林　冲　啊！（大惊）那人正是高太尉门下——陆虞侯，那泼贼，敢来这里害我。

小　二　恩人，你只要小心提防他便是了。

林　冲　多谢小二哥，我这便回去。（转身回走）

小　二　恩人，雪大路滑，小心啊！

林　冲　谢了，小二哥！

　　　　［风起，林冲归去，小二下场。

第二幕

　　　　［幕起，林冲顶风冒雪来到山神庙。

林　冲　这半路上有座山神庙，我且在这里暂住一夜再做打算。（推门，关门，搬一条凳子顶门，摘酒葫芦，放枪，解衣，定睛一看）啊！不好，草料场起火了。（准备拿枪）

　　　　［陆谦、管营、差拨上场。

三　人　哈哈哈……哈哈哈……

陆　谦　林冲啊林冲，今晚准保没命了。

差　拨　那是那是，小人我直爬入墙里面去，四下草堆上点了十来个火把，看他往哪儿跑去。

管　营　这风大的，一会儿功夫全都烧光了。（三个人狂笑）哈哈哈……

林　冲　（站在凳子上）天啊！可怜我林冲，若不是到了这山神庙，我准定被这厮等给害了！

　　　　［三人听罢相互看了看大惊，撞门，林冲把凳子踢开，门开。

陆　谦　（跪地）教头饶命，教头饶命……

林　冲　泼贼，哪里去！

　　　　［追打，音乐起。

陆　谦　（跪地求饶）教头饶命……教头饶命啊！相爷差遣，小人不敢不来啊！

林　冲　怎不干你的事？

陆　谦　（跃起）我和你拼了！

[对打，音乐起。

林　冲　（刀架在陆谦的脖子上）这正是：

　　　　天理昭昭不可诬，

　　　　莫将奸恶作良图。

　　　　最怜万死逃生地，

　　　　不忘顶天伟丈夫。

小　二　（上场，叹气）哎——（众人起，谢幕）

[幕落。